# QUESTION

DES

# JUIFS POLONAIS,

ENVISAGÉE COMME

## QUESTION EUROPÉENNE.

*Par*

## Jean Czynski.

---

Prix : 1 Franc.

---

# PARIS,

CHEZ GUILLAUMIN, LIBRAIRE-ÉDITEUR,

RUE NEUVE VIVIENNE.

Novembre 1835.

# QUESTION

## DES

# JUIFS POLONAIS,

ENVISAGÉE COMME

## QUESTION EUROPÉENNE.

*Par*

# Jean Czynski.

PRIX : 1 FRANC.

**PARIS,**

CHEZ GUILLAUMIN, LIBRAIRE-ÉDITEUR,

RUE NEUVE VIVIENNE.

NOVEMBRE 1833.

PARIS. — Imprimerie de CARPENTIER-MÉRICOURT,
rue Traînée-St-Eustache, nº 15.

# QUESTION

## DES

# JUIFS POLONAIS.

Guidés par la justice, convaincus que c'est en améliorant le sort des classes les plus nombreuses qu'on peut affranchir la Pologne du joug qui l'opprime, les patriotes Polonais ne cessent de plaider la cause des malheureux paysans, qui, réduits aux travaux les plus pénibles, demeurent plongés dans une extrême misère et dans une déplorable ignorance, soumis à toutes sortes de vexations de la part de leurs seigneurs. Grâce à ces efforts, déjà les nobles eux-mêmes affirment qu'ils aiment leurs serfs et qu'il faut s'occuper de leur bien-être.

Mais il se trouve encore en Pologne environ trois millions d'individus, victimes des préjugés religieux et des lois, qui n'ont point attiré l'attention qu'ils méritent à tous égards. Les amis du peuple eux-mêmes paraissent les avoir oubliés.

Nous voulons parler des Israélites, à qui l'on reproche en général de n'avoir pas participé à la dernière révolution et de s'être ainsi montrés ingrats envers le pays qu'ils habitent.

Nous espérons servir nos compatriotes et remplir un devoir d'humanité, en exposant les véritables causes de l'indifférence que les Juifs ont malheureusement montrée à notre égard dans cette guerre désastreuse. Nous prouverons que, s'ils sont restés témoins passifs de la lutte, la faute en est aux hommes qui s'emparèrent alors du pouvoir révolutionnaire.

Ceux, qui en même temps observeront attentivement l'état actuel de ce peuple, jadis guerrier, reconnaîtront que les Israélites ne peuvent manquer d'exercer une grande influence dans tous les changemens politiques à venir dans le Nord et en Orient, et qu'il ne dépend que de nous, Polonais, de trouver dans ce peuple un allié puissant.

Nous prions donc le lecteur de donner quelques momens de son attention à un écrit qui nous a coûté de pénibles recherches, et qui est le produit de longues méditations.

## Origine des Juifs en Pologne. — Leur état jusqu'en 1815.

Léon Halevy, dans son *Résumé de l'histoire des Juifs modernes*, rapporte que les Israélites se réfugièrent en Pologne, sous Boleslas, en 1264. Les écrivains Polonais rattachent cet événement à une époque antérieure. Naruszewicz, célèbre historien, soutient que les Juifs s'établirent dans notre pays, au commencement des Croisades, vers l'année 1096, quand les Croisés forcèrent les Hébreux de Bohême à embrasser le Catholicisme. Mais, s'il faut en croire l'illustre Carmoly, le séjour des Juifs en Pologne daterait encore de plus haut : voici ses propres paroles : (1).

---

(1) De l'État des Israélites en Pologne.

» L'existence des Israélites en Pologne remonte à une
» époque peut-être fort rapprochée de la fondation de cette
» monarchie, puisqu'on en comptait déjà un grand
» nombre sous Zimomislas. Dans une lettre du ministre
» d'Abd - al - Rahman III au roi des Khazars, il est
» question de deux Israélites Polonais, Marc Saül et
» Marc Joseph, venus à Cordoue avec les envoyés de
» ce prince. Les progrès que le Judaïsme avait faits au
» nord du Caucase, et la conversion du roi des Khazars
» à la religion de Moïse, dans le huitième siècle, ame -
» nèrent un grand nombre d'Israélites dans cette contrée,
» *d'où ils se répandirent de bonne heure dans la Russie et*
» *dans la Pologne méridionale.* »

Quoi qu'il en soit, Kromer, autre auteur Polonais (2),
affirme qu'à cette époque, où dans l'Europe entière la
peste exerçait ses ravages, toutes les nations chrétiennes
étaient persuadées que les Juifs avaient empoisonné les
puits et les sources. Chassés de l'Italie, de la France, de
la Germanie, de la Hongrie, privés de toutes ressources,
ils ne purent trouver l'hospitalité qu'en Pologne.

Les autres écrivains, différant seulement de quelques
années sur l'époque de l'établissement des Hébreux dans
ce pays, s'accordent néanmoins à nous dire que, lorsque,
au commencement du onzième siècle, toute l'Europe, au
nom du Christ, bannissait et exterminait les Israélites,
les seuls Polonais leur donnèrent asile.

Cependant les Juifs ne jouirent pas longtemps, même
dans cet asile, d'une parfaite tranquillité. Avec les progrès
du Catholicisme s'accrut l'influence du clergé; la licence
des grands augmenta avec l'extension de leurs priviléges;

---

(2) *De rebus Polnorum*, 212, 229.

d'où l'oppression des serfs et les persécutions exercées contre les Israélites Polonais.

Les prêtres excitaient la populace, en répandant le bruit que les Juifs se servaient du sang d'un enfant chrétien dans leurs cérémonies de Pâques. Trompés par de telles calomnies, la foule se jetait sur ces malheureux les pillait et quelquefois même les massacrait.

Enfin après les perquisitions les plus minutieuses, Casimir le Grand déclara calomnieuses ces odieuses imputations (1347). Il accorda en outre aux Hébreux *des immunités*, appelées *priviléges*. De ce moment il fut défendu de s'emparer de force des enfans Israélites, pour les baptiser; des peines furent infligées à ceux qui profanaient leurs cimetières Ce monarque, qui sut mériter le nom de Roi des paysans, ne se montra pas moins bienveillant pour les Hébreux que pour les serfs; il avait compris que la force de la Pologne consiste dans l'affranchissement des masses et dans la plus large tolérance religieuse.

Les successeurs de Casimir ne suivirent point une aussi sage politique. Louis, roi de Pologne et de Hongrie, crut ne pouvoir mieux consolider son trône qu'en flattant le clergé et la noblesse. En même temps qu'il accroissait prodigieusement les priviléges de cette dernière, il s'occupa, pendant tout le cours de son règne, de faire embrasser le Catholicisme aux Israélites. Dlugosz ou Longinus raconte que, sous Vladislas Jagellon, en 1407, le chanoine de Wislica Budek (1), en prêchant à Cracovie, dans l'église de Sainte-Barbe, annonça qu'un crime affreux, qu'il n'osait révéler, était venu à sa connaissance;

______

(1) *Historia Polonica*, 186, 187.

comme cette discrétion simulée redoublait la curiosité de la foule, il feignit de se rendre à ses désirs, en lui avouant que les Juifs avaient massacré un enfant chrétien, pour se servir de son sang dans leurs cérémonies, et qu'ils avaient en outre lancé des pierres sur le Saint-Sacrement. A ce récit, la multitude irritée se jeta sur les Juifs, en pilla un grand nombre et en massacra plusieurs.

Les persécutions se renouvelèrent sous les rois Alexandre et Jean Albert ( 1 ).

Malgré ces déplorables incidens, si l'on compare la conduite des Polonais, sous les Jagellons, envers les Juifs, avec les persécutions qu'ils subirent alors dans tous les autres états chrétiens, on reconnaîtra que la Pologne n'a offert que de bien légères traces de ce fanatisme qui ensanglantait le reste de l'Europe, et que, lorsque dans les autres pays, les nobles, le clergé, le peuple et les gouvernemens se liguaient pour exterminer ceux qu'ils nommaient les infidèles, en Pologne, quelques excès provoqués par les prêtres et tolérés par les magistrats nobles, furent du moins atténués par de nombreux *priviléges* ( 2 ).

A partir du règne de Sigismond III ( 15:7 — 1632), le fanatisme religieux se réveilla avec une nouvelle force, sous l'influence des Jésuites ; de ce moment date aussi la décadence de notre pays. Aveuglément attaché aux croyances de Rome, ce monarque, en protégeant exclusivement les Catholiques, mécontentait les Protestans, et poussait les Grecs à la rebellion, en s'efforçant de les con-

---

( 1 ) *Mathiæ de Michovia*, c. 74, l. 4, p. 259.
( 2 ) *Voluimna legum*, p. 311, 312, 313, 315.

vertir aux dogmes romains. Ce fut ainsi qu'il perdit la couronne de Suède que Charles IX, son oncle, usurpa, en s'appuyant sur l'attachement des Suédois au Luthéranisme ; ainsi, que la Pologne trouva des ennemis acharnés dans les Cosaques, si nombreux et si belliqueux, dont l'armée, même en temps de paix, ne montait pas à moins de 40 à 60 mille hommes, et ainsi qu'elle s'aliéna d'autres habitans des provinces russiennes, qui, ses alliés ou sujets fidèles, tant qu'elle fut tolérante, la ravagèrent par des guerres continuelles, du moment où Sigismond III, dont l'exemple fut suivi par ses successeurs, se laissa guider par les Jésuites, et voulut les contraindre à reconnaître l'autorité spirituelle du pape. Ce fut enfin pour cette même cause que le fils de Sigismond, nommé Czar de Russie, fut repoussé du trône de Moscou et fit place à la famille des Romanoff qui sévit aujourd'hui contre la Pologne.

Cette puissance, qui pouvait dominer en Suède et en Russie, tomba donc victime des préjugés religieux et de l'ambition de l'oligarchie héréditaire ; ses voisins jaloux allumaient le feu de la guerre civile, en excitant les dissidens contre le fanatisme catholique et les serfs contre la noblesse ; de là, les partages, puis la chute de la Pologne.

On conçoit aisément que le sort des Juifs ne pouvait s'améliorer, pendant que les préjugés religieux armaient les uns contre les autres les membres de la même famille. Exclus de la vie politique ainsi que du service militaire, ils passent inaperçus dans l'histoire des guerres civiles et extérieures. Ils résistaient aux adversités par l'union qui résulte de l'oppression et du malheur, ainsi que par l'adresse et la ruse qui les distinguent. Comme les institutions leur interdisaient l'acquisition de propriétés rurales et l'habitation des principaux quartiers de la ville, ils n'avaient d'autre ressource que le commerce, qui, méprisé par la noblesse, procura de grandes richesses à plusieurs d'entr'eux. Ils parvinrent ainsi à constituer, au milieu de la nation Polonaise, une classe à la fois la plus malheureuse sous le rapport moral et politique, et la plus riche, puisqu'elle tenait dans ses mains le commerce intérieur et extérieur.

Celui dont l'œil scrutateur recherchera ce qui a amené l'anéantissement de la Pologne, découvrira ces deux causes capitales : d'abord l'égoïsme et l'ambition des nobles, qui, de leur main de fer, tenaient les masses dans *une servitude permanente;* ensuite la prépondérance des prêtres Catholiques romains, qui, sur une population de *vingt millions* d'individus, en mécontentaient *douze millions formés de Protestans, de Grecs, de Mahométans et de Juifs* (1). Cette intolérance fut d'autant plus nuisible que, par sa position, la Pologne devait tâcher de contracter de fréquentes alliances avec la Russie schismatique, la Suède protestante et la Turquie mahométane.

Ceux qui ont dirigé la révolution, dans le but de délivrer notre patrie du joug étranger, devaient donc avant tout rendre justice aux serfs, et introduire dans les masses l'égalité sous le rapport religieux. Malheureusement la suprématie des nobles et des prêtres a toujours été un obstacle puissant aux réformes radicales que réclamaient le besoin du pays et l'état de la civili-

---

(1) Sur 20,220,000, la Pologne, en 1772, d'après le Tableau statistique de Stanislas Plater, comptait : 8,560,000 Catholiques romains, 3,740,000 Catholiques grecs, 3,430,000 Grecs orientaux, 180,000 Raskolniks, 2,150,000 Protestans, 2,110,000 Juifs, 50,000 Musulmans.

sation européenne. La constitution du 3 mai 1791, tout emphatique qu'elle était, n'a pourtant rien fait, absolument rien, pour les paysans, et laissa intacte la prépondérance de la noblesse et du clergé. Napoléon, qui ménageait l'Autriche et la Prusse, ses alliées, n'épousa point la cause du peuple. La charte (1) de 1807, approuvée par lui, abolit la servitude de droit, mais nullement de fait; en proclamant la liberté de conscience, elle ne conférait qu'aux Chrétiens l'exercice des droits politiques, et consacrait ainsi les anciens préjugés religieux.

Si, dans les mouvemens, qui eurent lieu à cette époque, les masses ne déployèrent pas l'énergie dont elles étaient susceptibles, si les colonies et les familles allemandes, pour la plupart protestantes, si les Grecs et les Juifs ne servirent point la cause de l'indépendance de la Pologne avec le même enthousiasme que les autres regnicoles, il faut encore chercher les motifs de cette tiédeur dans la suprématie garantie aux seigneurs et dans l'influence que tout assurait à l'église romaine.

---

(1) « Napoléon, empereur des Français, roi d'Italie, protecteur
» de la confédération du Rhin........ Nous avons approuvé et
» nous approuvons la Charte constitutionnelle qui nous a été
» présentée en vertu de l'art. 5 du traité de Tilsitz, que nous
» regardons comme propre à nous faire remplir nos engage-
» mens envers les peuples de Varsovie et de la Grande Pologne,
» en conciliant leurs *libertés* et *priviléges*, *avec la tranquillité*
» *des États voisins.* »
Si Napoléon avait embrassé la cause du peuple polonais, jamais les Russes n'auraient eu l'honneur de bivouaquer dans Paris.

### État des Juifs en Pologne sous les Czars.

La charte octroyée par l'empereur Alexandre, en vertu du traité de Vienne, en 1816, flattait également les nobles et les prêtres catholiques. Les évêques et les grands seigneurs composaient la chambre des sénateurs nommée par le Czar ; dans la chambre des nonces, la majorité était également assurée aux *nobles* (1). Le pacte social garantissait une protection particulière *au Catholicisme*, tandis qu'il refusait les droits politiques à tous ceux qui n'étaient pas Chrétiens.

La Charte elle-même renfermait donc un germe perpétuel de priviléges de parchemins et d'intolérance religieuse, qui excluait à jamais de la participation aux droits les plus importans tous ceux qui, n'étant pas nés Chrétiens, ne voulaient point renoncer aux dogmes de leurs ancêtres ; n'être pas Chrétien, c'était une tache que ne pouvait effacer nul sacrifice particulier, nul service rendu à l'État.

Les lois organiques privaient les Juifs du titre de citoyen, et des ordonnances particulières renouvelaient l'ancienne interdiction qui leur avait été faite d'acquérir des biens ruraux et d'occuper les principaux quartiers des villes. Ainsi, non-seulement ils étaient exclus de l'exercice de tout droit politique, mais encore la jouis-

---

(1) Charte de 1815.

ART. 108. Le Sénat se compose : 1° des Princes du sang impérial et royal ; 2° des Évêques ; 3° des Palatins ; 4° des Castellans.

ART. 118. La Chambre des Nonces se compose : 1° de 77 Nonce ( élus par la noblesse ) ; 2° de 51 Députés (élus par les propriétaires roturiers).

sance d'une grande partie des droits civils leur était re-
fusée.

Qu'était-ce d'ailleurs que les lois et la charte sous la
domination des Autocrates ? Des mots sans réalité. Comme
les Czars se défiaient de la nation polonaise, ils délé-
guaient le pouvoir aux hommes qui leur étaient le plus
aveuglément dévoués, manquâssent-ils de la probité et
des talens les plus indispensables. Bientôt la corruption
prit la place de la vertu, l'arbitraire de l'équité, et,
comme on doit le supposer, les persécutions qui pe-
saient sur le pays tout entier ne tardèrent point à tom-
ber sur les Juifs. J'en citerai quelques exemples.

Depuis plusieurs années, les Juifs habitaient à Varsovie la rue Royale, près du beau jardin de Saxe ; ce lieu
était devenu le rendez-vous des personnes de la ville et
des alentours, qui y trouvaient les objets tant de néces-
sité que de commodité et de luxe. Par un édit arbitraire
le général Zaionczek, lieutenant du royaume, les expulsa
de ce quartier. Plus de mille familles juives, riches
ou pauvres, furent contraintes à quitter le lieu où elles
trouvaient leurs moyens d'existence. Il suffisait du bon
plaisir d'un seul homme qui ne se distinguait que par sa
servilité et par son attachement au gouvernement russe,
pour ruiner un aussi grand nombre d'habitans inoffensifs,
et pour commettre un tel attentat contre la propriété et la
liberté individuelle.

Le ministre des finances (1) qui ne se faisait faute d'au-
cune ressource pour remplir les caisses du gouvernement,
tourna aussi ses *bienveillans* regards vers les Juifs. Il

______

(1) Le prince Lubecki, le plus habile de nos aristocrates
qui, après avoir trompé les patriotes, se réfugia à Saint-Pétersbourg.

leur soutira des sommes immenses par le moyen de la taxe connue sous le nom de *Koszerne* ; contribution dont il frappa les vivres que la loi de Moïse permettait aux Hébreux. Cet impôt pesait surtout d'une manière odieuse sur les indigens qui se virent ainsi réduits à un jeûne continuel.

Mais ce qui excita une indignation presque générale, ce fut une décision du même ministre qui astreignit les Juifs à payer *un octroi personnel* en entrant dans Varsovie. Cet impôt était d'autant plus inique, qu'insignifiant pour les riches il ravissait aux pauvres jusqu'à leur dernier sou, et d'autant plus outrageant pour les uns et pour les autres, qu'une pareille capitation n'avait encore atteint que *des quadrupèdes*.

Cet exemple d'arbitraire, donné par les premiers fonctionnaires, fut suivi par tous les autres. Je me bornerai à citer une espèce d'abus que se permettaient les magistrats du palatinat de Lublin. Voulaient-ils extorquer aux Israélites des sommes considérables, ils les menaçaient de transférer leurs cimetières. Les Juifs, qui se distinguent par un respect religieux pour les sépultures de leurs ancêtres, se condamnaient au jeûne pour offrir à ces fonctionnaires avides et inhumains les économies qu'ils parvenaient à faire par ce moyen (1).

Il me semble qu'il suffit de mentionner ces vexations pour donner une idée suffisante des autres spoliations auxquels les Hébreux étaient en butte de la part de tous

---

(1) Parmi ces hommes rapaces, se signalait le bourgmestre de Lublin Kossakowski, espion des Russes, qui, pour avoir bassement trahi ses compatriotes, vient d'être largement récompensé par le Czar.

ces agens corrompus ; mais d'autres causes encore , te‑
nant à la différence des mœurs, isolaient ce peuple du
reste de la nation.

Le commerce qui était devenu sa seule ressource et les
continuelles exactions du pouvoir l'avaient rendu avide ;
repoussé de toute société. exclu de l'armée, souvent ou‑
tragé impunément, il était encore devenu timide et
lâche ; malheureux, il cherchait dans sa foi son unique
consolation, d'où son caractère fanatique et superstitieux.
Tous ces traits contrastaient avec les mœurs des autres
habitans qui, pour la plupart agricoles et guerriers, met‑
taient au rang des premières vertus le désintéressement,
la bravoure et l'honneur. Par suite de ce contraste , les
Polonais attachèrent au nom de Juif l'idée de tout ce
qu'il y a de méprisable, et ceux-ci gémissant sous le
joug des préjugés et des lois, portèrent de longues bar‑
bes en signe de deuil ; et se distinguèrent par leurs ha‑
bits du reste des indigènes.

Ce tableau qui nous montre l'antipathie des Polonais
contre les Juifs si nombreux, devant être pénible pour
tout véritable ami de l'humanité, je me hâte de faire
voir comment se préparait la régénération de notre pa‑
trie, ainsi que l'amélioration du sort des classes les plus
nombreuses.

Les partages de la Pologne la réveillèrent de son anar‑
chique assoupissement ; les trois cabinets spoliateurs su‑
rent s'approprier le territoire , mais non captiver un
peuple qui ne pouvait oublier ni sa gloire ni sa haute
destination ; de là plus humble chaumière jusqu'au pa‑
lais des grands , partout on s'enquérait des causes de
l'anéantissement de cette puissante république. En même
temps la philosophie, dont les progrès, dans la seconde
moitié du 18ᵉ siècle ; opérèrent une si grande révolution

au milieu de l'Europe , exerça sa bienfaisante influence sur une nation qui recherchait avidement les lumières comme l'unique moyen de reconquérir son ancienne indépendance. La vérité et la justice minaient les priviléges et les préjugés. La presse libre éclairait les esprits. Une nouvelle direction était imprimée à l'éducation publique. Partout se manifestaient les symptômes de ces progrès. On voyait les enfans des sectateurs de Moïse faire leurs études avec les Chrétiens, et de jeunes prêtres catholiques (1) puiser leurs doctrines dans la pure morale de l'évangile. La société des Amis des Sciences admettait dans son sein l'israélite Abraham Stern, célèbre par l'invention d'une machine utile aux sciences mathématiques ; et dans une de ses séances publiques , elle rendit hommage à la mémoire du colonel juif Berko qui s'illustra par sa bravoure dans la première révolution (1794), et depuis, par sa mort chevaleresque (1809).

D'un autre côté, la bourgeoisie s'élevait à côté de la noblesse et quelquefois s'opposait aux projets ambitieux de la haute aristocratie. Lorsque les grands voulurent augmenter la prépondérance du clergé, et dans ce but lui donner le pouvoir de dissoudre les mariages, ce furent les députés de Varsovie qui, par leur éloquence , réussirent à faire avorter cette entreprise rétrograde (2).

Alexandre lui-même, au commencement de son règne, soit qu'il cédât à cette tendance, soit qu'il voulût

---

(1) Parmi les premiers conspirateurs, qui eurent pour but le bonheur de tous, brille l'abbé Dembek, tombant victime de ses nobles efforts; il mourut dans les cachots préparés par le Czarewitz Constantin.

(2) Si je rends justice aux Députés de Varsovie dans cette cir

essayer de capter les esprits, protégeait les sciences et les lettres, tâchait d'éclairer les prêtres, manifestait l'intention d'atténuer les maux des paysans, et créait en même temps le comité chargé d'examiner la situation dés Israélites. Mais bientôt guidé par l'esprit de conservation, il foula lui-même à ses pieds la charte qu'il avait octroyée ; il abolit la liberté de la presse et persécuta les nonces patriotes. Renonçant à ses anciens projets, il laissa les paysans à l'arbitraire des seigneurs, éloigna des places les prêtres sortis de l'Université de Varsovie, confia la réforme des Juifs à des hommes qui ne comprenaient point cette haute mission, et livrant enfin la Pologne à la cruauté du Czaréwitz Constantin, fit passer ce pays *constitutionnel* sous le régime militaire le plus brutal.

Le règne encore si court de Nicolas n'est qu'un long tissu de froides cruautés. Ce jeune tyran ne songe qu'à assouvir son insatiable ambition, et brandit continuellement son glaive fratricide sur les peuples soumis à sa domination, et sur les nations qu'il s'efforce d'incorporer à son vaste empire. Il serait impossible de signaler un seul trait magnanime de ce prince qui, monté sur un trône teint du sang des patriotes russes, ne rêve que la vengeance, tout en se proclamant le délégué de l'Etre-Suprême pour faire le bonheur des peuples que la Providence a mis sous sa haute tutelle. L'Europe entière sait de quels abus la Pologne fut victime sous le joug de ce tyran ; mille voix ont divulgué les atrocités que Nicolas commettait par l'intermédiaire de son frère, généralissime

---

constance, je n'approuve point leur conduite dans la dernière révolution. Annoblis, ils oublièrent et leur origine roturière et leur mission.

de l'armée polonaise. Le plan de mon ouvrage me prescrit de rappeler seulement que les Juifs, sous son règne, furent victimes d'une barbarie dont les fastes de la Pologne n'offraient point d'exemple. J'omets les spoliations, les humiliations, les persécutions particulières; je ne cite qu'un seul fait. Il a arraché des milliers d'enfans Israélites du sein de leurs mères, pour les transplanter dans des pays éloignés, où contraints de renoncer à leur culte, ils étaient formés dans des établissemens militaires aux rudes et pénibles services de soldats et de matelots; violant ainsi, pour se procurer quelques suppôts de sa tyrannie, les lois les plus sacrées de la nature (1).

L'indignation des Juifs se changea en désespoir; les rabbins les plus influents, pour consoler leurs co-religionnaires, présentaient cette persécution comme annonçant, d'après les prophètes, l'avènement prochain du Messie, et les Cabalistes leur lisaient dans la Bible que la délivrance du peuple de Moïse s'accomplirait sous le sceptre de Nicolas.

Telle était l'exaspération des Juifs contre le système russe, lorsque l'élite de la nation polonaise donna le signal de la révolution du 29 novembre.

### *Les Juifs pendant la révolution.*

Dans les pays qui gémissent sous un joug despotique, ce sont les sociétés secrètes, les conspirations qui préparent les grands bouleversemens. A peine les Czars eurent-ils aboli la liberté de la presse, violé les institutions

______

(1) On élève ce nombre à plus de 30,000. — Ukase de Nicolas, 1827.

et opposé aux lois le règne de l'arbitraire, que les associations, ayant pour but la délivrance de la Pologne et l'affranchissement des masses opprimées, prirent plus d'accroissement et de consistance. Elles se propageaient parmi la jeunesse, et dans l'armée; partout il se rencontrait des citoyens prêts à sacrifier leur fortune et leur vie, pour reconquérir l'indépendance de la patrie, et la liberté pour tous, sans distinction.

Mais à côté de ces hommes qui font la gloire de la Pologne, il existait une poignée d'égoïstes titrés qui, pour se procurer des richesses et des honneurs, se rendaient les serviles instrumens des cabinets de Saint-Pétersbourg, de Vienne et de Ber'in. Gagnant les littérateurs et les artistes, et couvrant leur ambition d'un voile hypocrite, ils surent s'acquérir une sorte de popularité. Ils eurent soin surtout de laisser agir les vrais patriotes, dans l'espoir d'exploiter un jour à leur avantage l'œuvre du plus grand dévoûment. Ils ne se trompaient point.

La jeunesse, aidée de l'armée et de la population de Varsovie, triompha le 29 novembre, et chassa le tyran avec ses esclaves. Satisfaite de sa victoire, elle abandonna imprudemment le char du pouvoir à ces hommes qui trahirent la confiance et l'espoir du pays. Nous avons vu quels élémens offraient à la révolution l'esprit d'indépendance qui animait le peuple en général, le progrès des lumières, et l'état déplorable des classes les plus nombreuses. Un patriotisme vrai n'eût pas manqué de mettre à profit toutes ces circonstances; en rendant justice aux classes opprimées, il était facile d'exalter leur enthousiasme et d'allumer ainsi une guerre vraiment nationale.

Malheureusement la haute aristocratie, maîtresse du pouvoir, animée par l'esprit de sa propre conservation, mettait tous ses efforts à se réconcilier avec le Czar et à

maintenir les priviléges garantis par la charte d'Alexandre.
Arrêtant le progrès, s'opposant à toute amélioration so-
ciale, aidée par les intrigues des cours étrangères, elle
plongea la Pologne dans l'abîme où elle se trouve aujour-
d'hui. L'histoire de notre dernière révolution est un re-
cueil de sacrifices de toute nature de la part du peuple,
et de trahisons indignes ou de coupable indolence de
la part des chefs les plus ineptes.

Pour justifier l'indifférence des Juifs dans cette lutte ex-
ploitée au profit de l'oligarchie, il suffirait de dire que la révolution n'a proscrit aucun des préjugés dont ils avaient
toujours été victimes. Mais ceux qui refusèrent toute justice aux laborieux paysans, en les retenant dans la servitude et en les forçant aux corvées, repoussèrent en outre
avec indignation les sacrifices que les Juifs s'offraient à
faire pour seconder les efforts de l'armée. La charte octroyée par Alexandre, qui, comme nous l'avons vu, n'é-
tait favorable qu'aux nobles et aux prêtres catholiques,
fut maintenue. Dans le manifeste de la Diète, où furent
exposés tous les griefs des privilégiés, il n'entra pas la
moindre protestation contre les persécutions que les Juifs
eurent à supporter sous les Czars.

Mais ce qui répandra le plus de lumière sur la marche
du gouvernement insurrectionnel, ce sont les paroles du
ministre de la guerre Morawski, lorsqu'il s'opposa à l'ad-
mission des Israélites dans l'armée : « *Ne permettons point
dit-il, que le sang juif se mêle au noble sang des Polonais.
Que dira l'Europe, si, pour reconquérir notre indépendance, nous ne pouvons nous passer du sang des Israélites ?* »

La même antipathie de la part du pouvoir se manifesta
dans presque tous ses actes. Ce fut ainsi qu'en organisant
la garde nationale, il en exclut les Juifs en leur prescri-

vant un uniforme particulier. Le parti russe sut exploiter ces mesures aussi impolitiques qu'inhumaines ; il effraya les Juifs en semant le bruit mensonger que les Catholiques voulaient les exterminer.

Il ne sera pas sans intérêt de donner ici un extrait d'une lettre que m'adressa Antoine Ostrowski, *général de la garde nationale* de Varsovie et *sénateur palatin* de Pologne, à l'occasion de la création, à Paris, d'une société tendant à accélérer dans tous les pays l'émancipation des Israélites (1). Ce document sera encore une preuve de ce que nous avons avancé en leur faveur.

« S'il est une pensée grande et généreuse, certes c'est
» celle que vous avez conçue, vous, mes compatriotes,
» dévoués au bonheur de notre pays natal. Vous voulez
» à la fois propager les lumières parmi les Hébreux et
» parmi les Chrétiens ; vous voulez extirper les préven-
» tions des premiers contre la société au sein de laquelle
» ils vivent, et démontrer aux seconds qu'il faut attri-
» buer cette antipathie à leur défaut d'amour du prochain,
» cette première vertu du chrétien, cette base de toute
» vertu morale ou politique. Vous voulez montrer en
» même temps que c'est en refusant à cette classe si nom-
» breuse une heureuse et paisible existence, que nous
» l'avons indisposée contre nous. Si d'un côté il y a in-
» justice et absolutisme, comment éviter que de l'autre
» il y ait réaction ? C'est une règle dont la Pologne devait
» subir les conséquences. Ceux-là donc rendront un grand

---

(1) L'initiative de l'établissement de cette Association appartient aux Polonais ; depuis que ses membres les plus influens ont été expulsés par le gouvernement de Louis-Philippe, on peut regarder cette Société comme entièrement dissoute.

» service à l'humanité et à la philosophie, et, ce qui nous
» importe le plus, à notre patrie, qui expliqueront les
» causes pour lesquelles le peuple juif formait en Pologne
» une sorte d'État dans l'État, et pourquoi il n'a pas tou-
» jours envisagé comme sienne la cause de notre pays.
» Ce service sera surtout efficace, si l'on fait connaître
» les moyens de remédier à un tel mal, en procurant à
» la cause nationale plus de deux millions de partisans
» doués d'une grande capacité. Je conçois aisément que
» les Français éclairés cherchent avec ardeur à secon-
» der l'association qui se propose ce but généreux. » ( Ici
le général rend hommage au premier fondateur de cette
Société, et regrettant de ne pouvoir faire partie du comité dirigeant, accepte le titre de membre honoraire.)
» Je déclare cependant que je ne serai pas inactif ; j'en-
» verrai même dans peu au comité un mémoire relatif à
» ce sujet ; je ferai connaître d'abord quel fut le succès
» de mes efforts en fondant une grande colonie indus-
» trielle dans la ville de Tomaszow, où je reconnus chez
» les Israélites riches, beaucoup de savoir faire uni à la
» probité, et chez les pauvres *l'honnêteté* jointe à *une*
» *grande activité*. Leur conduite vraiment exemplaire fut
» le résultat de la parfaite égalité introduite dans cette
» petite république que je sus soustraire au despotisme
» russe.
    » Commandant en chef de la garde nationale, à Var-
» sovie, je tâchai de faire admettre les Israélites dans ce
» corps, afin d'annoblir leurs sentimens et de leur ins-
» pirer de la simpathie pour la cause nationale ; je prou-
» verai que mes efforts ne furent pas infructueux. Je ne
» trouvai d'opposition que chez quelques boutiquiers
» égoïstes et chez quelques fonctionnaires semblables *au*
» *poète ministre de la guerre, dont le discours à la Diète*

» *restera comme un éternel monument de ses idées antilibé-*
» *rales cachées sous le voile d'un emphatique patriotisme.*
» Je vous enverrai enfin un extrait de mes Mémoires, re-
» latif à la garde de sûreté et à la garde municipale, qui
» vous convaincra : *que c'est nous qui avons été la pre-*
» *mière cause du mécontentement des Juifs, que l'on a exa-*
» *géré leur apathie, et que ceux d'entre eux qui étaient sous*
» *mes ordres se conduisaient d'une manière irréprochable.*
» *Il n'est pas à ma connaissance qu'un seul Juif de Varso-*
» *vie se soit livré à l'espionnage, et j'en sais un grand*
» *nombre qui témoignèrent l'intention d'entrer dans l'ar-*
» *mée.* En un mot, considérant ce peuple de plus près,
» j'ai acquis la conviction qu'il peut servir utilement notre
» cause; mais de notre part, *plus de préjugés, plus de mé-*
» *pris.* Il faut craindre également et de démoraliser les
» Juifs et d'être démoralisés par eux ; car, sous ce rap-
» port, nous nous trouvons dans un cercle vicieux.

» Voilà en peu de mots mes idées sur la réforme fu-
» ture des Israélites en Pologne. J'ai la conviction, que
» les travaux de l'association, dont le but est si généreux,
» produiront pour notre patrie des fruits qui surpasseront
» nos espérances. »

Les faits que j'ai déjà cités, et le témoignage d'un per-
sonnage qui a occupé la première place dans le sénat et
dans la garde nationale, me permettent de passer sous
silence d'autres preuves des bonnes dispositions que les
Hébreux manifestèrent pour la révolution, et que para-
lysa l'impolitique intolérance du pouvoir. Nous ne dirons donc point quelle fut la vive satisfaction des Juifs
en voyant la tyrannie russe menacée ; nous ne dirons
point comment, dès les premiers jours du mouvement,
les Juifs du palatinat de Lublin offrirent *volontairement*
*toutes les armes* qu'ils possédaient, comment ils accueilli-

rent l'armée libératrice en Volhynie, comment enfin plusieurs d'entre eux, après s'être distingués dans l'armée, forment aujourd'hui une honorable partie de l'émigration, tandis que le ministre de la guerre Morawski, qui les a outragés, et, dans les derniers momens de la révolution, s'est signalé par la plus coupable duplicité, se trouve parmi les Russes satisfaits sans doute de sa noble conduite. Nous ajouterons seulement que, lors même que quelques Juifs se seraient montrés hostiles à notre égard, le blâme en devrait retomber sur le pouvoir qui, au lieu de marcher avec l'esprit du siècle, au lieu de tâcher de reconquérir l'indépendance, la liberté et l'égalité pour tous, ne voulait que s'arranger avec le Czar, et maintenir sous le nom attrayant de *nationalité, les priviléges* garantis par le traité de Vienne.

La prépondérance accordée au clergé catholique produisit une réaction plus forte dans les colonies allemandes, pour la plupart protestantes; dupées par les intrigues du cabinet de Berlin, et dirigées par leurs prêtres (1), elles aidaient dans le palatinat de Kalisz les prisonniers russes à s'évader, et tentèrent même un mouvement contrerévolutionnaire qu'il fallut arrêter à main armée.

Nous allons encore citer quelques principaux griefs de la plupart des Polonais contre les Israélites; griefs qui nous paraissent de purs préjugés faciles à réfuter; et pour accomplir notre tâche, nous indiquerons ce qu'il y avait à faire à l'égard des Juifs pendant la révolution; nous ferons voir ce qu'il faut attendre de ce peuple pour la cause de la liberté et de la civilisation.

---

(1) Celui qui se fit remarquer le plus dans ces intrigues fut le prince prussien Hohenlohe.

On leur reproche en général de ne vouloir point cul-
tiver la terre, et d'alimenter une haine implacable pour
tout ce qui n'est pas Juif. Quant au premier point, il faut
se rappeler qu'en Pologne presque toutes les terres ap-
partiennent à la noblesse, et qu'en conséquence c'est au
profit des seigneurs qu'ils refusent de travailler. Au lieu
de les blâmer, admirons leur fierté qui leur fait préférer
toutes les persécutions à la servitude qui les soumettrait
au fouet des intendans des gentilshommes. Comment en
effet attribuer cette obstination à la paresse, quand nous
les voyons se livrer aux plus pénibles travaux aussitôt
que leur liberté individuelle n'est plus menacée. Nous
citerons pour exemple les chaussées construites par eux
sur toute la surface de la Pologne, et l'on ne regardera
pas comme un travail convenable à l'indolence, celui
de faire des remblais et de briser des pierres. Un grand
nombre d'entre eux sont occupés dans les ateliers, et exer-
cent toutes sortes de professions qui exigent également
de l'industrie et de la force physique.

Quant à la haine des Israélites pour les étrangers, elle
a été exagérée, et ne dérive point des institutions de
Moïse.

« Il y aura un même droit, une même justice, une
» même loi pour vous et pour l'homme qui séjourne
» parmi vous, dit ce grand législateur ; celui-ci sera
» semblable à vous devant *Jehovah* ; vous le laisserez
» s'enrichir par son travail, jamais vous ne l'opprimerez,
» ni ne le gênerez. Vous l'aimerez comme vous-mêmes,
» car vous savez quelles craintes éprouve le cœur de celui
» qui est étranger : vous l'avez été en Égypte. Quand un
» esclave se sera réfugié au milieu de vous, vous ne le
» livrerez point à son maître ; mais il demeurera avec
» vous, dans le lieu qu'il aura choisi, dans celle de vos

» villes qui lui plaira , et vous ne l'affligerez en
» rien ( 1 ). »

Quel peuple du globe peut se glorifier aujourd'hui d'a-
voir des institutions aussi sages et aussi philantropi-
ques ?

Il faut cependant diviser tous les Juifs de Pologne en
deux catégories. Les uns, pour la plupart habitans des
villes principales, se sont familiarisés avec les Chrétiens
par leurs relations avec eux. S'ils tiennent à leur religion, c'est à cause de sa morale qui ne le cède en rien à
celle du Christ, et de la sagesse des institutions de Moïse
qui aujourd'hui encore font l'admiration de tous les phi-
losophes ; cette partie des Israélites, qui est considérable,
fut toujours prête à toutes sortes de sacrifices pour reconquérir le titre de citoyen , et pour changer le nom de
Juifs Polonais en celui de Polonais de la religion de
Moïse. L'autre catégorie se compose d'Israélites gémissant sous le joug de la superstition, et sous l'influence
des Rabbins fanatiques qui ont transformé les sages institutions de la Bible , de même que les prêtres ont sub-
stitué à la sublime doctrine de Jésus, l'idolâtrie du catholicisme romain. Ces Juifs , bien plus nombreux que
les premiers, se regardent comme une émigration ; ils
veulent être traités par les Polonais en malheureux ré-
fugiés ; victimes d'injustes persécutions, en attendant
l'avénement du Messie qui doit leur rendre et la terre
promise et leurs institutions démocratiques. Voilà pourquoi, tandis que les premiers voulaient être incorporés

_______________

(1) Nombre XV, 15, 16. Lévit, XXIV, 22 ; XIX, 34. Deutero-
nomium XI , 21, etc.

dans l'armée, les autres cherchaient.à former une légion Israélite.

En blâmant leur superstition, ne condamnons pas leur esprit de nationalité, et l'attente où ils sont du *Messie* ou *Libérateur.*

« Comme l'oppression fait supposer une délivrance, » dit le brillant et profond Salvador, les Hébreux peu-» vent s'attendre à voir s'élever parmi eux un de ces » hommes de génie qui, produisant de grandes choses » avec de faibles moyens, renversent l'ennemi, triom-» phent des tyrans. »

En considérant la triste position des Juifs sous les Czars, leur ancienne gloire, leur législation fondée sur une parfaite égalité, en nous rappelant les innombrables victimes de leur conviction, pourrions-nous leur faire un crime de ce qu'ils rêvent leur délivrance ? Nous devons au contraire admirer la persévérance de ces démocrates, les regarder comme de vrais martyrs de leurs opinions consciencieuses, et leur prêter une main fraternelle pour secouer le joug dont nous accable notre ennemi commun.

Que n'eût pas gagné notre cause si on avait exaucé les vœux des Israélites au lieu de les repousser, si, au lieu d'arrêter l'essor révolutionnaire, on avait cherché à l'exciter par des réformes nécessaires, si enfin on avait remplacé par de l'énergie, les moyens de juste-milieu. Nous avons demandé des bras pour nous aider et nous avions au milieu de nous un peuple qui pouvait nous fournir une armée considérable; nous avons cherché de l'or, et chez nous des millions étaient à notre disposition; nos efforts tendaient à diminuer les forces militaires de l'ennemi, et nous pouvions, en formant les légions israélites, enlever au Czar ses régimens, composés de leurs co-réligionnaires; nous avons voulu nous servir de la propagande, et qui pouvait nous être plus utile que les Juifs qui, outre qu'ils sont assez éclairés, ont des relations étendues avec les habitans de toutes les classes, tant en Russie qu'en Pologne ? Nous avons voulu porter la civilisation chez les Baskirs et les Kalmouks, et nous avons refusé justice au peuple qui se trouvait parmi nous.

Notre titre annonce que nous traitons la question des Juifs polonais comme une question européenne ; nous pensons en effet que le sort de trois millions d'individus ne peut être indifférent à aucun ami de l'humanité ; nous ajouterons encore que les Juifs gémissent dans les chaînes des Czars qui menacent l'Europe de leur sceptre de fer, et qu'appelés à l'émancipation par les vrais patriotes, ils deviendraient une force puissante à opposer aux projets liberticides de ce barbare empire.

Portons à présent nos regards vers l'Orient. La vérité répand ses lumières bienfaisantes en Égypte, et les Chrétiens d'Europe fraternisent avec les défenseurs de l'Islamisme ; d'un autre côté, le Czar, fier de la conquête de la Pologne, encouragé par la pusillanimité des cabinets de Saint-James et des Tuileries, promène ses esclaves à Constantinople, et prépare à la Turquie le sort qu'il a fait subir à notre patrie. Le temps n'est pas éloigné où les Ottomans reconnaîtront l'aveugle indolence de leur chef qui se jette dans dans les bras de son mortel ennemi ; unis alors aux Égyptiens, ils s'opposeront aux entreprises du vautour du Nord. Le génie qui est destiné à sauver la Turquie sentira que c'est non-seulement par les armes, mais encore par la dissolution intérieure qu'il est possible de vaincre la Russie. Que l'on proclame la régénération de la Pologne et la délivrance d'*Israël*, et l'empire du Nord qui menace aujourd'hui l'Europe, s'ensevelira sous ses propres ruines.

Mais pendant que nous appelons de tous nos efforts
le règne de la justice et de la tolérance, pense-t-on que
les chefs de l'oligarchie polonaise, échappés à la vindicte
populaire, se sont découragés ? Émigrés avec l'or amassé
à la sueur de leurs serfs, ils cherchent encore à tuer l'ave-
nir de la Pologne. Ils assiégent l'aristocratie anglaise,
et mendient auprès du parlement la conservation du traité
de Vienne. Leurs nombreux valets de plume s'évertuent
à publier que la nationalité polonaise peut se concilier
avec la domination des Czars, et qu'elle ne consiste que
dans les priviléges de la noblesse et dans la prépondérance
de la religion catholique romaine. Heureusement la Pologne, en tombant dans l'abîme où elle se trouve aujour-
d'hui plongée, a reconnu la main sacrilége qui la condui-
sit au tombeau, et la grande majorité de l'émigration sait
apprécier les infernales intrigues de nos aristocrates. Que
tous les vrais amis du peuple, en combattant le systême
russe, n'oublient pas de combattre nos ennemis intérieurs;
qu'ils se rappellent que la question de la religion, secon-
daire dans le centre de l'Europe, est principale sur tout
le reste du globe; qu'ils jettent leurs regards sur l'histoire
de notre pays (1); qu'ils examinent notre état social;
qu'ils contemplent nos villages composés d'une centaine
de misérables cabanes de paysans, au milieu desquelles s'é-

---

(1) Malheureusement il n'existe pas dans la langue française
une seule bonne histoire de notre pays. Tous les écrivains ont été
jusqu'ici influencés par les nobles; entr'autres Salvandy et Malte-
Brun. Le dernier, après avoir accumulé mensonges et calomnies
sur les Juifs, ajoute qu'ils sont devenu pour la Pologne *une plaie
permanente et incurable*. Qui n'apercevrait pas dans cette pauvre
expression, l'influence que nous signalons? ( *Tableau de la Pologne*, t. I, ch. 5.)

lèvent le riche château du noble qui exploite leur travail,
et la résidence du prêtre qui ne leur enseigne qu'à supporter patiemment l'oppression; qu'ils se rappellent que la
plus grande partie de notre population se compose de
Protestans, de Schismatiques et de Juifs; ils seront alors
convaincus que la Pologne succomba, non-seulement
par l'égoïsme et l'ambition des nobles, mais encore par
suite de la prépondérance du clergé catholique; ils ac-
querront en même temps la conviction qu'elle ne peut reconquérir son indépendance qu'en rendant justice aux
malheureux paysans et en appelant la coopération des
hommes de toutes les religions et surtout des Juifs.

Ceux des nobles que leur malheur récent n'a pas corri-
gés, de même que les prêtres serviles ou stupides, en li-
sant cet ouvrage, diront que je suis Juif; mais je méprise
l'opinion de ceux qui voulurent me faire fusiller pour les
vérités que j'essayais de répandre pendant la révolution.
Quelle influence d'ailleurs peut exercer sur un homme
raisonnable le hasard de la naissance?

Né et élevé dans la religion catholique romaine, j'invite
les Israélites de mon pays, qui doivent connaître mieux
que moi les griefs et les besoins de leurs coreligionnaires,
à plaider une cause aussi importante devant l'Europe
éclairée; heureux, si, en ouvrant le chemin de cette
vaste carrière, je parviens à sécher les pleurs de tant de
malheureuses victimes qui doivent un jour s'unir à nous
pour rompre les chaînes qui nous accablent également.

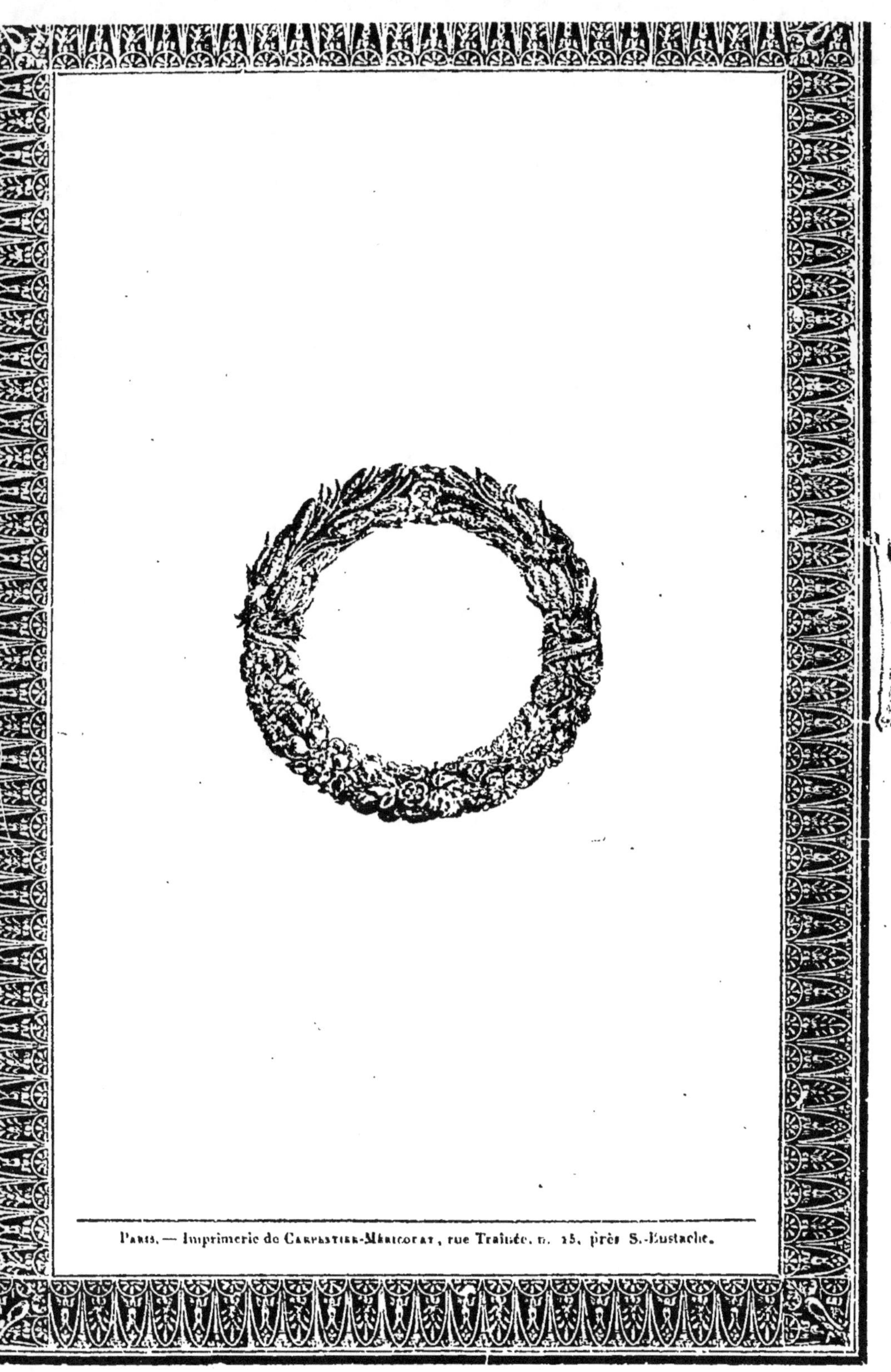

Paris. — Imprimerie de Carpentier-Méricourt, rue Trainée, n. 15, près S.-Eustache.